Ткач Самооцінки

Історія про віру в себе

Лорі Лайт

Ілюстрації - Максим Стасюк

ISBN у паперовій обкладинці: 9781937985394

Перше видання 2008
Перекладне видання 2023
Опубліковано в Сполучених Штатах Америки
Надруковано в Сполучених Штатах Америки

Вітаємо!

Ви збираєтесь прочитати історію під назвою *«Ткач самооцінки».*

Слова підтвердження - це комплімент, який ви робите самі собі.

Прислухайтеся до чудових слів, якими користуються морські друзі.

Повторюйте ці слова підтвердження собі і

приготуйтеся до покращення самопочуття!

На дні океану сидів молодий дельфін.
Краб-відлюдник плів красиве плетіння
із пасм водоростей.

Він був відомий всім мешканцям
океану, як «ткач самооцінки». Він не
був балакучим, але його ювелірне
плетіння приносило радість кожному,
хто мав нагоду посидіти та
насолодитися цією красою.

Дельфін спостерігав, як краб-відлюдник
плете його, але насправді він не
звертав на це особливої уваги.
Він був насупленим та жалів себе.

Дельфін почувався збентеженим і сумним.

Морська дитина, яка спостерігала за дельфіном,
вирішила поставити йому запитання. «Чому
ти не граєш і не стрибаєш на хвилях
зі своїми друзями?»

Дельфін відповів морській дитині, що у нього не
виходило стрибати так високо, як у інших дельфінів.
Він вважав, що він не достатньо розумний, щоб
навчитися всім веселим трюкам і стрибкам,
які вміли робити інші дельфіни.

Він почувався невпевнено
і не вірив у свої сили.

Морська дитина взяла дельфіна за
плавники і подивилася йому в очі.

«Ми з друзями почуваємось щасливими.
Ми наші посмішки не в змозі приховати.
Робимо компліменти один одному під
час гри. Повір ти можеш почуватися
так само на раз два три».

Краб-відлюдник почув дельфіна і знав,
що прийшов час плести інший вид плетіння.

Камбала струсила пісок з голови. Вона
встала навпроти дельфіна і сказала:

— Я подобаюся собі.

І після цих слів, краб-відлюдник поспішив
до камбали, залишаючи після себе блискуче
пасмо морських водоростей.

До групи підпливла риба-куля. Вона
встала навпроти камбали і сказала:

- Я — подарунок для цього світу.

І після цих слів, краб-відлюдник поспішив
до риби-кулі, залишаючи після себе
блискуче пасмо морських водоростей.

Потім до групи морських мешканців підповзла
морська зірка. Вона встала навпроти риби і сказала:

— Я творча.

І після цих слів, краб-відлюдник поспішив
до морської зірки, залишаючи після себе
блискуче пасмо морських водоростей.

Медуза пропливала повз. Вона встала
навпроти риби-кулі і сказала:

— Я вірю в себе.

І після цих слів, краб-відлюдник поспішив
до медузи, залишаючи після себе
блискуче пасмо водоростей.

Згодом до групи приєднався равлик.
Він встав навпроти медузи і сказав:

— Я легко вчуся.

І після цих слів, краб-відлюдник поспішив
до равлика, залишаючи після себе
блискуче пасмо водоростей.

Омар висунувся зі своєї темної печери.

Він встав навпроти равлика і сказав:

- Я щасливий.

І після цих слів, краб-відлюдник

поспішив до омара, залишаючи

після себе блискуче пасмо водоростей.

До групи морських мешканців приєднався
морський коник. Він встав навпроти омара і сказав:

- Я сповнений життя.

І після цих слів, краб-відлюдник поспішив
до морського коника, залишаючи
після себе блискуче пасмо водоростей.

Зі своєї підземної нори вискочив молюск.
Він встав навпроти морського коника і сказав:

— Я можу це зробити.

І після цих слів, краб-відлюдник поспішив
до молюска, залишаючи після себе
блискуче пасмо водоростей.

Риба-ангел приєдналася до групи мешканців океану.

Вона встала навпроти молюска і сказала:

— Я люблю себе.

І після цих слів, краб-відлюдник

поспішив до риби-ангела,

завершуючи своє плетіння.

Морська дитина, дельфін і морські
друзі на мить закрили очі. Вони уявляли, що
можуть увібрати в себе всі ті чудові слова, якими
щойно поділилися. Вони уявляли те відчуття,
коли тіла, серця і розум наповнюються
усіма цими позитивними словами.

«Я творча. Я вірю в себе.
Я собі подобаюся. Я щасливий. Я сповнений життя.
Я подарунок для цього світу. Я легко вчуся.
Я можу це зробити. Я люблю себе».

Морська дитина знову заговорила з дельфіном.

«Тепер ти почуваєшся щасливим. Цю посмішку
не в змозі приховати. Говори собі гарні речі,
вони роблять диво. Компліменти тут, ой,
як у нагоді можуть стати».

І з цими думками дельфін плив прямо до вершини океану.

Він сказав: -Я можу це зробити, - і високо стрибнув через

наступну хвилю і приземлився з подвійним поворотом

і сплеском! Він посміхнувся своїм друзям

і їх чудовому плетінню.

«Я люблю себе таким, яким я є.

Я можу зробити все у що я вірю.

Мої позитивні думки гріють мені душу.

Я почуваюся так, як знаю я мушу».

I з цими словами, краб-відлюдник

згадав, за що його прозвали

ткачем самооцінки.

Насолоджуйтесь серією Stress Free Kids

Щоб отримати більше історій, відвідайте
www.StressFreeKids.com

Відвідайте дитячий магазин Stress Free на Amazon або там, де продаються книги.

Подумайте про покупку в незалежних/місцевих книгарнях.
Щоб переглянути повний список,
www.Bookshop.org або www.IndieBound.org.

Зберіть всю серію Indigo Dreams
і подивіться, як уся ваша родина
справляється зі страхом, стресом і
гнівом...

CD/Аудіокниги:

Indigo Dreams
Indigo Ocean Dreams
Indigo Teen Dreams
Indigo Dreams: Garden of Wellness
Indigo Dreams: Adult Relaxation
Indigo Dreams: 3 CD Set

Книги:

The Goodnight Caterpillar
A Boy and a Turtle
Bubble Riding
Angry Octopus
Sea Otter Cove
Affirmation Weaver
A Boy and a Bear
The Affirmation Web

Книги, компакт-диски та уроки
доступні на www.StressFreeKids.com

Музичні компакт-диски:

Indigo Dreams: Kids Relaxation Music
Indigo Dreams: Teen Relaxation Music
Indigo Dreams: Rainforest Relaxation